Gewidmet Stefanie Oberg

IMPRESSUM

Bibliografische Information der Deutschen Bibliothek.

Die Deutsche Bibliothek verzeichnet diese Publikation in der deutschen Nationalbibliografie. Detaillierte bibliografische Daten sind im Internet über http://www.d-nb.de/ abrufbar.

EIN BUCH DER EDITION MICHAEL FISCHER

1. Auflage 2017

© 2017 Edition Michael Fischer GmbH, Igling

Covergestaltung: Rebecca Leiner
Illustrationen und Layout: Pia von Miller
Illustrationen Seite 3: Leeloo Molnár
Redaktion und Lektorat: Natascha Mössbauer
Fotos: Brigitte Sporrer, München; Autorenfoto: Annalena Müller
Fotobearbeitung: Erik Pawassar, San Francisco; Pia von Miller, Rebecca Leiner

ISBN 978-3-86355-677-8

Printed in Slovakia

www.emf-verlag.de

REZEPTE

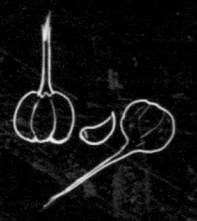

DIE GRUNDLAGEN

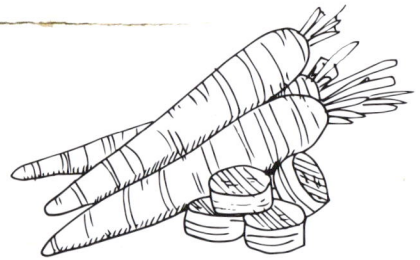

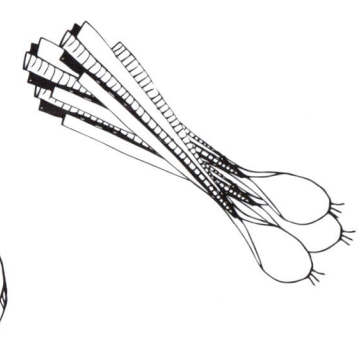

WE ARE WHAT WE EAT!

Warum eigentlich roh? Man muss doch warm essen, so wie wir es schon immer getan haben, oder? Das muss nicht sein. Die gesunde Alternative: Rohkost! Rohes Essen kann das allgemeine Wohlbefinden steigern und soll Krankheiten lindern. Mit Rohkost geht das Energielevel steil nach oben, von geistiger Klarheit bis hin zu mehr Lebensfreude. Auch ist eine vitale Kost sehr kalorienarm, und daher als klärende Schlankheitskur berühmt.

DIE MISCHUNG MACHTS!

Das heißt nicht, dass man nur roh essen sollte. Sinnvoll ist es, einen hohen rohen Anteil mit gekochtem Essen zu kombinieren. Es muss auch keine gehobene Gourmetküche sein. Mit wenig Aufwand, lokalen Zutaten und Fantasie kann man schnelle Gerichte zubereiten, die so manchen Gast beeindrucken. Denn gesundes Essen überzeugt nicht nur durch wertvolle Inhaltsstoffe, sondern schmeckt lecker!

GESUND UND MUNTER

In der Rohkostküche sollten Lebensmittel nicht über 41 °C erhitzt werden, da sonst wichtige Enzyme zerstört werden. Leicht erwärmen ist aber erlaubt und dies reicht oft schon aus, um sich wohler zu fühlen. Am besten möglichst viel Rohkost in den Speiseplan einbauen, auf Zucker und Weizen verzichten und tierische Produkte reduzieren. Dazu noch viel Bewegung an der frischen Luft und stärkende Übungen wie Yoga und schon fühlt man sich lebendiger! Vitamine, Mineralien, Nährstoffe und Enzyme: All das enthält die rohe Küche. Ein weiterer Vorteil ist, der vermehrt alkalische ph-Wert der ungekochten Lebensmittel. Dieser hält den menschlichen Körper in einem basischen Milieu, welches verhindert, dass Krankheiten entstehen. Wichtig ist es jedoch, nicht allzu dogmatisch zu sein und auch alten Gelüsten hin und wieder nachzugeben. Diese verschwinden mit der Zeit ohnehin immer mehr, weil die vitale Kost nicht nur unge-

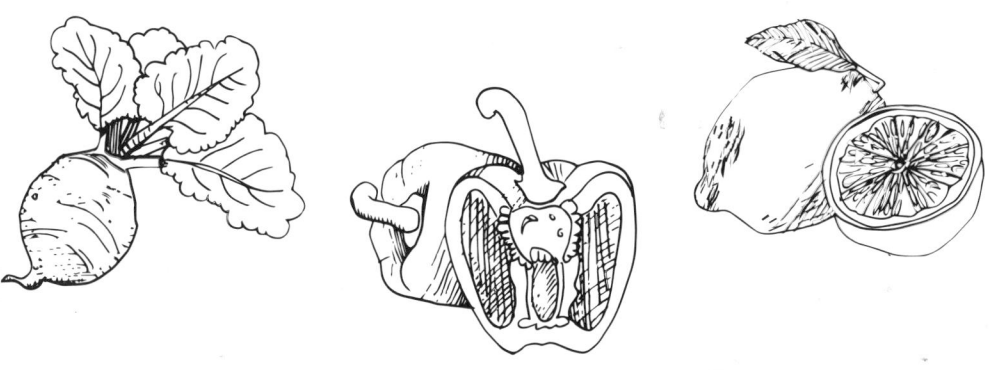

mein lecker ist, sondern auch die Geschmacksnerven verfeinert, die von industriell hergestellter Nahrung oft verkümmert sind. Auch die Pflanzenwelt bietet alles, was nötig ist und hält wahre Wunder bereit. Schließlich ist es so einfach, selbst Gemüse auf der Fensterbank oder dem Balkon anzubauen. Vitalkost ist eine wahre Entdeckungsreise und steckt voller gesunder Überraschungen. Wie sagte Hippokrates einst so schön: Lass die Nahrung deine Medizin sein!

GERÄTE

Ein Hochleistungsmixer sollte in keiner Rohkostküche fehlen. Je höher die Leistung, desto mehr Einsatzmöglichkeiten gibt es, wie z. B. die Verarbeitung von Nüssen und Trockenobst. Auch eine Küchenmaschine eignet sich sehr gut, um Vitalkost zu zaubern. Wenn eine gröbere Konsistenz gewünscht ist, z. B. bei Pestos oder Saucen ist diese sogar besser geeignet als ein Mixer. Auch ein Spiralschneider

(für Gemüsenudeln) und ein Gemüsehobel kommen regelmäßig zum Einsatz. Beide sind günstig im Handel zu bekommen und leicht zu bedienen – auch für Kinder.

DIE GRUNDREGELN

Die verwendeten Zutaten sollten möglichst regional und saisonal sein, was nicht unbedingt teuer und umständlich sein muss! Am besten, wo es geht, Bioware verwenden. Einige Zutaten lassen sich auch selbst anbauen oder auf Wald und Wiesen direkt pflücken. Vitalkostgerichte sind zwar nicht so lange haltbar, dafür lassen sie sich aber schnell und einfach frisch herstellen. Alle Rezepte im Buch lassen sich übrigens auch immer gut mit gekochten Lebensmitteln kombinieren, wie z. B. Dinkelnudeln, Quinoa, Amarant, gebackenem Kürbis oder Süßkartoffeln sowie gedünstetem Gemüse. Die Mischung machts! Das Buch soll dazu anregen, intuitiv zu kochen und mit frischen Zutaten kreativ zu experimentieren.

DIE ZUTATEN

ALGEN

Algen sind äußerst nahrhaft, unfassbar gesund und schmecken nach Meer. Es gibt viele verschiedene Sorten, die man am besten aus Irland (online) bestellt (wesentlich günstiger als der Bioladen).

AVOCADO

Diese exotische Frucht darf in keiner Vitalküche fehlen. Sie enthält eines der gesündesten Fette überhaupt, ist auf vielseitige Weise einsetzbar und so lecker!

CHIA-SAMEN

Die südamerikanischen Powersamen geben Energie und sorgen für eine puddingartige Konsistenz, wenn man sie vorher einweicht. Voller Omega-3-Fettsäuren!

ESSIG

Besonders zu empfehlen ist Apfelessig. Er schmeckt sehr gut und ist überaus gesundheitsfördernd.

GEWÜRZE

Gewürze sollten am besten frisch gemahlen verwendet werden. Es lässt sich nach Lust und Laune damit experimentieren. Kardamom passt z. B. gut für süße Gerichte, Zimt ist ideal fürs Frühstück und frische Chilis lassen sich perfekt zum Salat oder auch mit Kakao kombinieren.

HANF

In Pulverform, als geschälte Samen oder als Öl ist Hanf eine unübertreffbare Eiweißquelle. Das Öl kann jeder Sauce hinzugefügt werden, um eine flüssigere Konsistenz zu erhalten.

KRÄUTER

Kräuter sollte man so oft wie möglich verwenden. In den Sommermonaten lassen sich viele Pflanzen auch selbst sammeln. Löwenzahn, Giersch und Brennnessel z. B. sind echte Alleskönner, voller Mineralien, Eisen, Vitaminen und Chlorophyll.

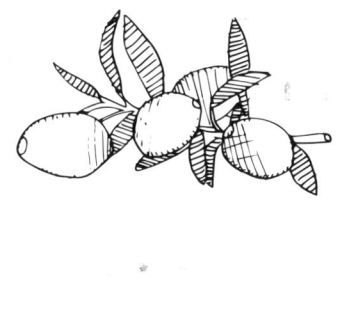
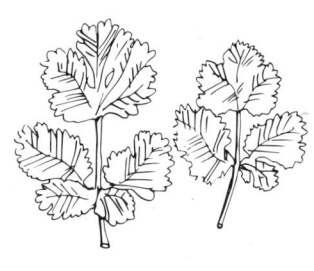

MANDELMILCH

Mandelmilch ist ein guter Ersatz zur herkömmlichen Kuhmilch (alternativ auch andere Nuss-, Hafer- oder Reismilchsorten). Die Milch lässt sich mit einem Hochleistungsmixer leicht selbst herstellen.

NÜSSE

Sehr sättigend und reichhaltig, daher sollte man nicht zu viel Nüsse verwenden. Am besten immer vorher ein paar Stunden oder über Nacht in Wasser einweichen, da sie so verdaulicher werden. Nach Belieben kann man Cashew-, Macadamia-, Wal- oder Haselnüsse verwenden.

SALZ

Kala Namak, ein gehaltvolles Schwarzsalz, gilt besonders in Indien als sehr gesund. Es hat ein schwefeliges Aroma und verleiht dem Gericht eine spezielle Note. Am besten mit Ursalz oder einem guten Meersalz kombinieren.

SPROSSEN

Sprossen sind ein unerlässliches Superfood für die vitale Küche und einfach selbst zu ziehen. Sie stecken voller wertvoller Inhaltsstoffe und verleihen allen Gerichten einen herrlich-knackigen Frischegeschmack. Gut eignen sich z. B. Alfalfa-, Mungobohnen- oder Brokkolisprossen.

SÜSSEN

Industriezucker ist längst out! Alternativ gibt es wunderbare und leicht erhältliche rein pflanzliche Süßungsmittel wie Xylit/Xylitol, Kokosblütenzucker, Steviapulver, Ahornsirup und den guten alten (aber nicht veganen!) Honig. Sehr praktisch sind auch getrocknete Datteln, die man mitpürieren oder einfach klein schneiden kann.

SUPERFOODS

Chia, Hanf, Acai und andere Superzutaten eignen sich als gesunde Zugabe für viele Gerichte und sind beliebig einsetzbar.

CHOCO CHI

Schoko-Power-Frühstück – auch geschmacklich ein Traum!

» Alle Zutaten in eine Schüssel geben und verrühren.

» Innerhalb von 20 Minuten den Vorgang mehrmals wiederholen.

» Über Nacht die Schüssel abgedeckt in den Kühlschrank stellen.

» Den Pudding nach Belieben mit Kakao-Nibs, etwas klein geschnittenem Obst nach Wahl, einem Schuss Ahornsirup und Minzblättern servieren.

TOPPING:

OBST NACH WAHL,
KAKAO-NIBS

AHORNSIRUP

MINZBLÄTTER

2 EL **ROHER KAKAO**

2 EL KOKOSBLÜTEN-ZUCKER

3 EL Chia-Samen

250 ml **MANDELMILCH**

EASY OATS

Einfacher geht es nicht. Schön weich, gesund und lecker ...

» Alle Zutaten in eine Schüssel geben und über Nacht in der Milch einweichen lassen.

» Am nächsten Morgen verrühren, mit Ahornsirup nachsüßen, mit etwas Zimt bestreuen und mit Früchten nach Wahl servieren (z. B. Bananen, Orangen, geraspelte Äpfel).

Topping: **Zimt**

Ahornsirup

Obst nach Wahl

2 EL
Kokoschips

ein paar Nüsse
(z. B. Walnüsse)

30 G
Dinkelgrieß
(optional)

½ TL ZIMT

100 g
**Hafer- oder
Hirseflocken**

200 ml
Mandel-
oder Hafermilch

1 TL Chia-Samen

**5 getrocknete
Datteln,**
klein geschnitten

11

BAHIA BOWL

Brasilianisches Superfood-Frühstück mit Urlaubs-feeling!

» Alle Zutaten miteinander pürieren.
» Nach Belieben mit Kakao-Nibs und Hanfsamen servieren.

TOPPING:

Kakao-Nibs

Hanfsamen

12

2 TL
Acaipulver

2
gefrorene
Bananen

3 EL
geschälte
Hanfsamen

150 ml
Mandel-
oder
Hafermilch

100 g Beeren
(nach Belieben),
frisch oder
tiefgefroren

KALE SALAT
A LA TREE OF LIFE

Der wertvolle Grünkohl darf in keinem Powerfood-Buch fehlen!

» Die Grünkohlblätter klein rupfen, mit der Hand etwas Salz und 1 Esslöffel Olivenöl einmassieren und 10 Minuten einziehen lassen.

» Zitronensaft, Tomaten und Oliven dazugeben.

» Die Avocado zusammen mit dem Stangensellerie, dem restlichen Olivenöl, Salz und Pfeffer pürieren (oder in die Küchenmaschine geben) und in den Salat einrühren.

» Nach Belieben mit Pinien- oder Sonnenblumenkernen bestreuen.

1 Avocado

3 EL
Olivenöl

2 TOMATEN,
GEWÜRFELT

1 Stange
Sellerie

4–5 BLÄTTER GRÜNKOHL,
OHNE STIEL (CA. 150 G)

80 g schwarze Oliven, entsteint

SALZ &
PFEFFER

Saft einer Zitrone

15

ZEN SALAT

Rotkohl: Japanisch angehaucht und voller Nährstoffe.

» Rotkohl, Frühlingszwiebeln, Sesamkörner und Rosinen in eine Schüssel geben.

» Nach Belieben Chilischoten und Granatapfelkerne hinzugeben.

» Für das Dressing Sesamöl, geröstetes Sesamöl, Tamari-Sojasauce und Limettensaft vermischen und über den Salat geben.

» Alles gut vermischen und mindestens ½ Stunde durchziehen lassen.

» Nach Belieben mit Koriander dekorieren.

Deko:
Koriander

1 TL **Tamari-Sojasauce**

½ Tasse **Sesamöl** (100 ml)

Optional: **1 Stück rote Chilischote** (fein geschnitten), **ein paar** Granatapfelkerne

+ 1 Schuss geröstetes Sesamöl

2 EL Sesamkörner

Saft einer Limette

½ **Rotkohl** (ca. 800 g), in dünne Streifen geschnitten

2 EL Rosinen

2-3 **Frühlingszwiebeln**, klein geschnitten

17

JUNI SALAT

Dieser Salat schmeckt nach Sommer und Garten!

» Spargel, Tomate, Edamame-Bohnen und Minze in eine Schüssel geben.

» Für das Dressing Olivenöl, Nussmus, Zitronensaft und Salz und Pfeffer miteinander vermischen und über den Salat geben.

» Gut durchziehen lassen.

1 Tomate, klein geschnitten

Saft einer Zitrone

etwas frische **Minze,** klein geschnitten

1 EL Nussmus

50 g Edamame-Bohnen

+ SALZ & PFEFFER

100 ml Olivenöl

½ kg Spargel, mit dem Schäler in dünne Streifen geschnitten

CASH-MI-SUPPE

Asiatisch, sehr sättigend und mit Geschmack nach Meer...

» Wasser von den Cashewkernen abgießen.

» Zusammen mit Limettensaft, Sesamöl, Ingwer, Kurkuma und ca. 200–300 ml Wasser pürieren.

» Sanft auf dem Herd erhitzen. Mit Salz, Pfeffer, Cayennepfeffer und Kumin würzen. Wasser von den Algen abgießen, diese klein schneiden und in die Suppe geben. Misopaste mit etwas Wasser anrühren und in die warme Suppe geben.

» Nach Bedarf mit fein gehackten Chilischoten und ein paar Sesamkörnern dekorieren.

TOPPING: SESAMKÖRNER

Topping:
½ grüne Chili, fein gehackt

¼ **TL** Cayennepfeffer

½ **TL** Kumin

1–2 **EL** Sesamöl

200–300 **ML** WASSER

¼ **TL** **Kurkuma,** frisch oder in Pulverform

½ **Handvoll** **Algen** (5 Minuten in Wasser eingeweicht), z. B. Irische Dulse oder Wakame

1 großes Stück **Ingwer**

Saft einer ½ Limette

2 EL helle Misopaste

180 g Cashewkerne (ca. 5–6 Stunden in Wasser eingeweicht)

SALZ & PFEFFER

Herbstsuppe

Reichhaltig, sättigend, aber trotzdem kalorienarm!

FÜR »2-3« PERSONEN

» Alle Zutaten im Hochleistungsmixer pürieren und sanft in einem Topf erwärmen.

» Nach Geschmack nachwürzen und mit etwas Sprossen nach Wahl dekorieren.

TOPPING: Sprossen

¼ TL Cayennepfeffer

2 TL Kumin

1 kleiner Hokkaido-Kürbis,

mit Schale, in grobe
Stücke geschnitten
(ca. 600 g)

1 großes Stück Ingwer,
(ca. 20 g),
geschnitten

1 Tasse
selbst gepresster Saft
und etwas Schale einer
unbehandelten
Orange

ca. 4 EL
Olivenöl

SPAGHETTI ROLOGNESE

FÜR »2« PERSONEN

Endlich gesunde Nudeln! Und das Spiralenschneiden macht so viel Spaß.

- » Das Gemüse mit einem Spiralschneider in Spiralen schneiden.
- » Wasser von den getrockneten Tomaten und Algen abgießen. Für die Sauce zusammen mit den restlichen Zutaten in der Küchenmaschine (oder im Mixer für eine cremigere Konsistenz) zerkleinern.
- » Zusammen mit den Gemüse-Spaghetti auf einen Teller geben.
- » Nach Belieben mit Sprossen, frischen Wildkräutern und geschälten Hanfsamen servieren.

Topping:
Sprossen,
frische Wildkräuter,
Hanfsamen

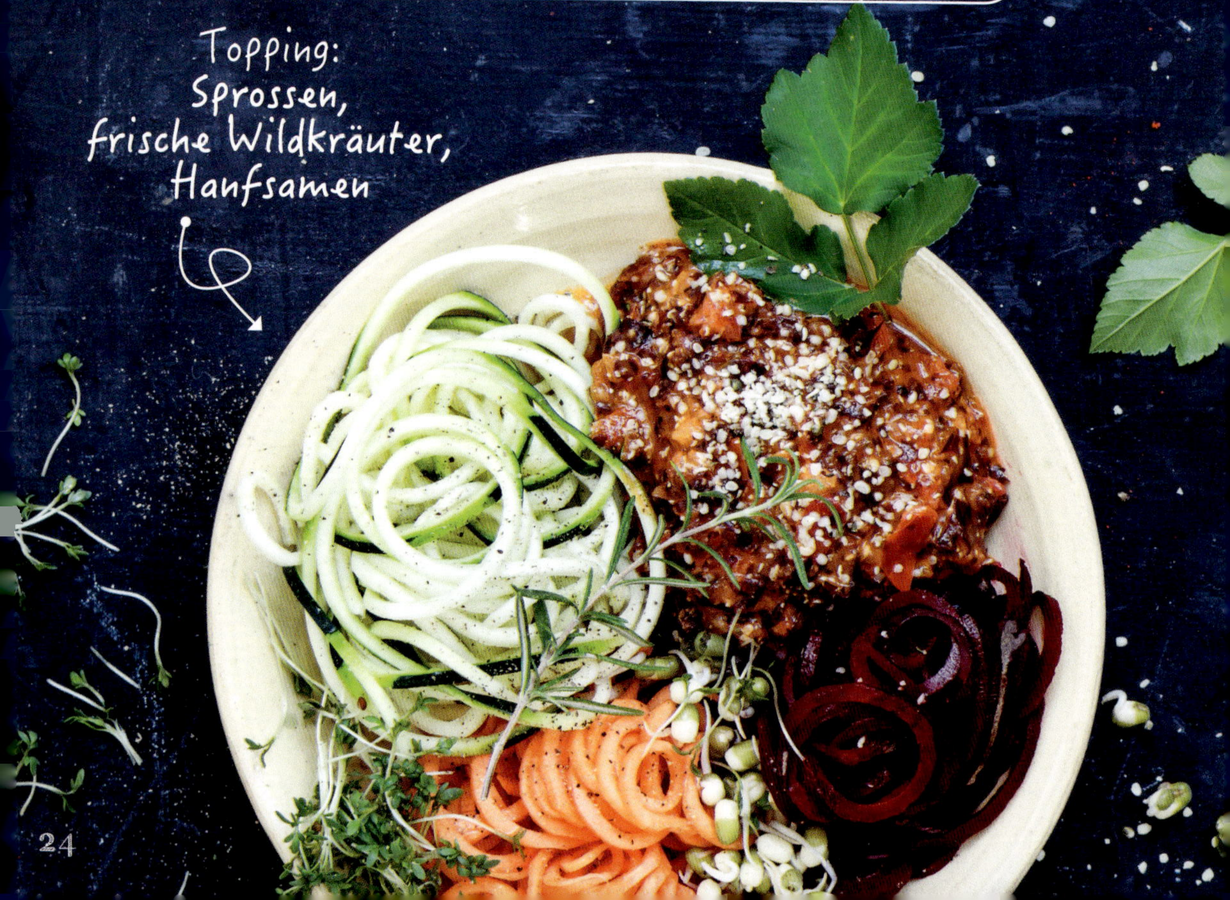

1 Tasse
Olivenöl
(100 ml)

3 EL geschälte Hanfsamen

1 Prise Paprikagewürz,
edelsüß oder Pimenton

6 getrocknete Tomaten
(mindestens 1 Stunde in
Wasser eingeweicht)

1 Tasse
Algen (5 Minuten in
Wasser eingeweicht),
ca. 20 g

1 Prise Rosmarin
(frisch oder getrocknet)

2 Datteln,
entsteint

1 Knoblauchzehe
(optional)

Gemüse nach Belieben,
z.B. 2 Zucchini, 2 Karotten,
2–3 Rote Beete,
2 große Süßkartoffeln,
1 großer Knollensellerie

3 frische
Tomaten

＋ SALZ &
PFEFFER

RAW-SPINAT-CURRY

Curry mal ungekocht! Wer möchte, erwärmt es sanft.

» Spinat und Blumenkohl in einer Schüssel miteinander vermengen.

» Für die Sauce die restlichen Zutaten miteinander vermischen und unterrühren. Wer möchte, gibt etwas fein gehackte Frühlingszwiebeln dazu.

» Mit ein paar Chilifäden garnieren.

Topping:
Chilifäden

Optional:
**ein paar
feingehackte
Frühlingszwiebeln**

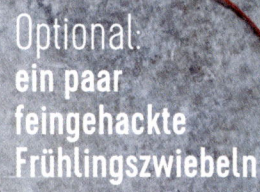

½ **Blumenkohl (ca. 300 g)**, zerkleinert, in etwas Limettensaft mariniert

1 Stück **Kurkuma** (oder ¼ TL)

ca. 20 g **Ingwer**

1 TL **Kumin**

½ TL **Garam Masala Pulver**

1 Prise **Cayennepfeffer**

½ Tasse **Kokosflocken**

Spinat (ca. 100–150 g), in dünne Streifen geschnitten

3-4 Tomaten, geschnitten

80 ml **Oliven- oder Sesamöl**

Optional: ½ **Chilischote, fein gehackt**

SALZ & PFEFFER

WILD PESTO

Mit ganz frischen Zutaten das gesündeste Pesto der Welt!

» Alle Zutaten kurz im Mixer pürieren oder in der Küchenmaschine zerkleinern. Mit Sprossen und etwas Zitronenschale dekorieren.

» Das Pesto schmeckt fantastisch zu rohen Crackern oder Gemüse-Spaghetti. Wer es nicht nur roh mag, kann das Pesto auch sehr gut zu gebackenem Gemüse servieren.

Topping:
Sprossen,
Zitronenschale

2 Handvoll Wildkräuter,
z. B. Giersch, Löwenzahn, Klee, Brennnessel

etwas abgeriebene Schale einer unbehandelten **Zitrone**

1 Tasse Sonnenblumenkerne

1-2 KNOBLAUCHZEHEN
(im Frühling alternativ frischen Bärlauch)

1 Tasse Oliven- oder Hanföl (100 ml)

29

JÖRGO'S MOJO

Eine kanarische Spezialität, die nach Atlantik schmeckt und quasi zu allem passt.

ERGIBT CA. 300 ML

Deko: frischer Rosmarin

» Von den getrockneten Zutaten das Wasser abgießen. Zusammen mit den restlichen Zutaten im Mixer pürieren oder in der Küchenmaschine zerkleinern.

» Mit frischem Rosmarin dekorieren.

» Schmeckt super zu rohen Crackern. Wer es nicht nur roh mag, kann das Mojo auch sehr gut zu jeder Art von gebackenem Gemüse oder als Brotaufstrich servieren.

Die getrockneten Zutaten mindestens 1 Stunde in Wasser einweichen

100 ml Olivenöl

80 ml Apfelessig

1
rote
Paprika

6–8
sonnengetrock-
nete Tomaten,
eingeweicht

1 EL
Kumin

2–3
Knoblauch-
zehen

3–4
getrocknete
Chilischoten,
eingeweicht

4–5
getrocknete
Paprikaschoten,
eingeweicht

SALZ &
PFEFFER

KETCHUP

ERGIBT CA. 250 ML

Rosenblätter geben diesem Ketchup eine besondere Note.

» Von den Datteln und getrockneten Tomaten das Wasser abgießen. Zusammen mit den restlichen Zutaten im Mixer pürieren.

» Schmeckt lecker als Dip zu Gemüse-Spaghetti oder Wraps (siehe Seite 24 und 36).

» Wer es nicht nur roh mag, kann den Ketchup auch zu Süßkartoffelpommes oder Gemüse-burgern reichen.

¼ HANDVOLL
WILDROSENBLÜTENBLÄTTER
(im Winter auch ohne)

SALZ &
PFEFFER

2 EL
Apfelessig

1 EL OLIVENÖL

3–5 Datteln, (mindestens 1 Stunde in Wasser eingeweicht) entkernt

3 sonnengetrocknete Tomaten (mindestens 1 Stunde in Wasser eingeweicht)

**1 GUTE PRISE
KALA
NAMAK**
(Schwarzsalz)

3 Tomaten

**1 ROTE
PAPRIKA**

33

ROIOLI

Sommer, Sonne, Süden: Verpackt in einen Dip!

ERGIBT CA. 200 ML

» Von den Cashewkernen das Wasser abgießen.

» Zusammen mit den restlichen Zutaten im Mixer pürieren.

» Schmeckt wunderbar als Dip für Gemüseschnitze.

» Wer es nicht nur roh mag, kann die Roioli auch als leckeren Brotaufstrich servieren.

50–100 ML **WASSER**

+ **SALZ &**
PFEFFER

¼ **TL**
Cayenne-
pfeffer
oder
Pimenton

Optional:
fein gehackter
Salbei

Saft einer ½ Zitrone

½ **TASSE CASHEWKERNE**
(100 g), 5–6 Stunden
in Wasser eingeweicht

6–8
Knoblauch-
zehen

½ Avocado

ca. 100 ml
Olivenöl

PACIFIC SALSA WRAPS

Süß, scharf und sauer – unglaublich lecker und ein fest für alle Sinne!

» Alle Zutaten miteinander vermischen.

» Anschließend in große Romanasalat-
oder Mangoldblätter einrollen und mit
einem Zahnstocher zusammenhalten.

» Passt auch sehr gut als Salsa zu
Gemüsechips – ohne Wraps.

mehrere große
Romanasalat- oder
Mangoldblätter

frischer Koriander und/oder Petersilie, fein geschnitten

Optional: 1 Prise Chipotle Pfeffer

3 Tomaten, gewürfelt

1 Mango, gewürfelt

1 Frühlings- zwiebel, fein gehackt

1 Avocado, gewürfelt

Saft einer 1/2 Limette

1 Paprika, gewürfelt

1 Chilischote, fein gehackt

1 kleine rote Zwiebel, in feine Ringe geschnitten

HOT WINTER DIP

Einheimisch, lecker und von innen wärmend.

» Alle Zutaten im Mixer pürieren oder in der Küchenmaschine zerkleinern.
» Ideal als Aufstrich für Rohkost-Brote.
» Wer es nicht nur roh mag, kann natürlich auch normales Brot verwenden. Nach Bedarf mit Sprossen dekorieren.

TOPPING: SPROSSEN

CA. 2 EL
WASSER ODER
OLIVENÖL

+ SALZ &
PFEFFER

20 g
frischer
Meerrettich

200 g **Rote Beete**

OPTIONAL:
1 HANDVOLL
**CASHEWKERNE
(60 G)**

2 ÄPFEL

1 EL
**APFEL-
ESSIG**

YUM YUM ROLLEN

FÜR »4« PERSONEN

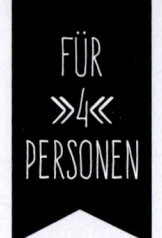

Die süß-scharfe Sauce ist ein richtiges Fest für den Gaumen!

» Für die Sauce Tahini, Ingwer, Zitronensaft, Tamari-Sojasauce, Kokosblütenzucker, Knoblauch (nach Geschmack) und Wasser im Mixer pürieren.

» Die Reispapierblätter kurz in eine Wasserschüssel eintauchen, mit Gemüsestreifen, Sauce und Sesamkörnern belegen und einrollen.

TOPPING:
Sprossen und Sesamkörner

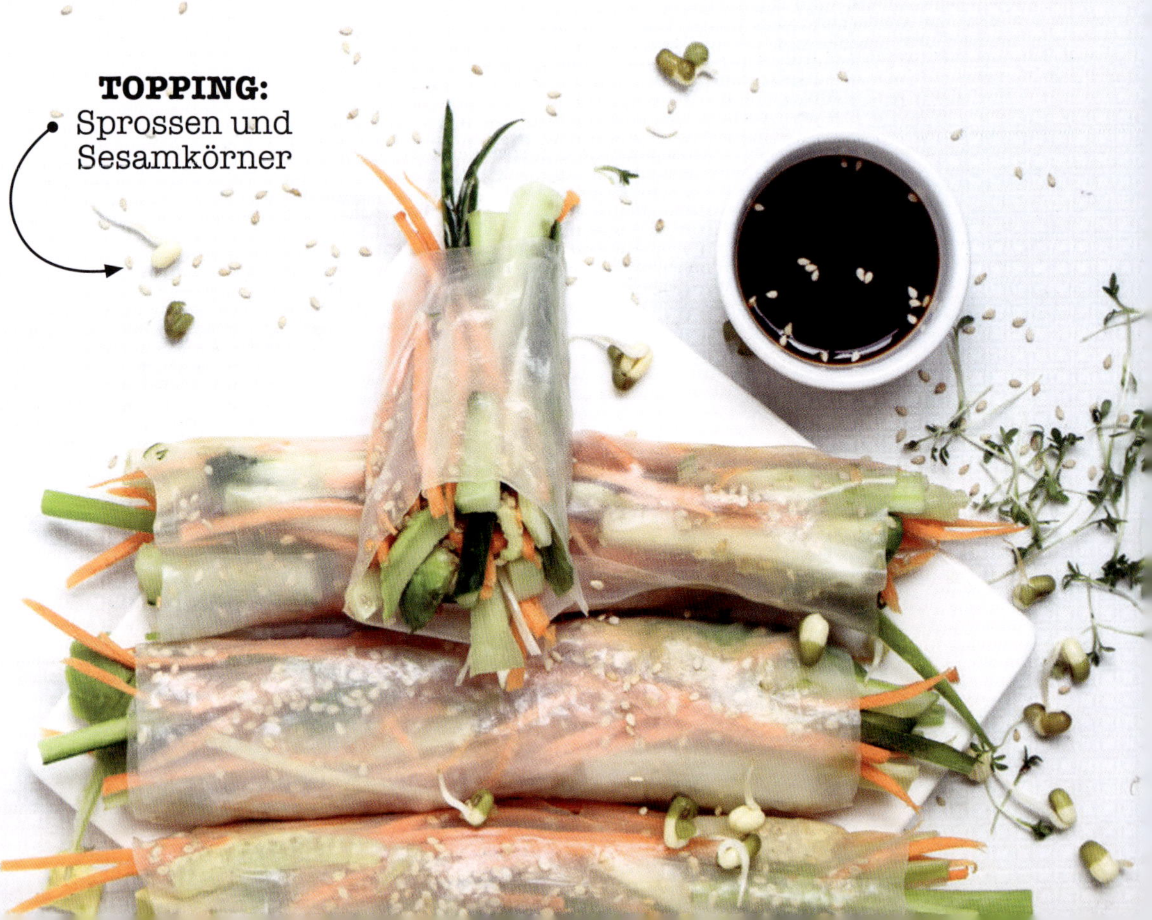

50-100 ml **WASSER**

3 EL **Sesamkörner**

½ Tasse **Tahini (90 g)**

Gemüse
wie Karotten, Gurke, Stangensellerie, Frühlingszwiebel, Avocado, in feine Streifen geschnitten

10 Blätter Reispapier,
alternativ: Noriblätter (aus dem Asialaden)

Optional:
1 Knoblauchzehe

1 großes Stück Ingwer (20 g)

Saft einer Limette
optional: Zitrone

1 EL Tamari-Sojasauce

1 TL Kokosblütenzucker oder Xylitol

41

JACKIE'S RAW APPLE PIE

Der einfachste Apfelkuchen der Welt. Unfassbar lecker!

» Für den Boden das Wasser von Mandeln und Walnüssen abgießen und zusammen mit den Datteln in der Küchenmaschine zerkleinern, bis eine klebrige Masse entsteht.

» In einer runden Springform (mit 26 cm Durchmesser) festdrücken und kühl stellen.

» Für die Füllung die Äpfel entkernen und das Gehäuse entfernen.

» Zusammen mit den Datteln, der Zitronenschale, Zimt und einer Prise Salz in der Küchenmaschine so zerkleinern, dass noch grobe Stücke vorhanden sind.

» Die Masse in einer Schüssel mit den Rosinen und den gemahlenen Leinsamen verrühren und 15 Minuten ziehen lassen.

» Die Masse auf den Boden in der Form füllen. Für mindestens 1 Stunde kühlen.

» Zum Schluss nach Belieben mit getrockneten Apfelringen dekorieren und mit etwas Zimt bestreuen.

Topping:
getrocknete
Apfelringe,
Zimt

5–6 Datteln, entsteint

1 Tasse Rosinen
Optional: Cranberrys

2 EL gemahlene Leinsamen

2 TL Zimt

+ SALZ

6 ÄPFEL

abgeriebene Schale einer unbehandelten Zitrone

Füllung

Boden

1 Tasse Mandeln (100 g), über Nacht in Wasser eingeweicht

1 Tasse Walnüsse (100 g), über Nacht in Wasser eingeweicht

6–8 Datteln, entsteint

43

FÜR
»2«
PERSONEN

GRÜNES WUNDER

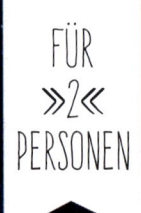

Der einfachste Nachtisch der Welt! Und dazu noch so lecker.

- Alle Zutaten im Mixer pürieren.
- Anschließend mit Kakao-Nibs bestreuen.
- Nach Bedarf mit Ahornsirup nachsüssen.

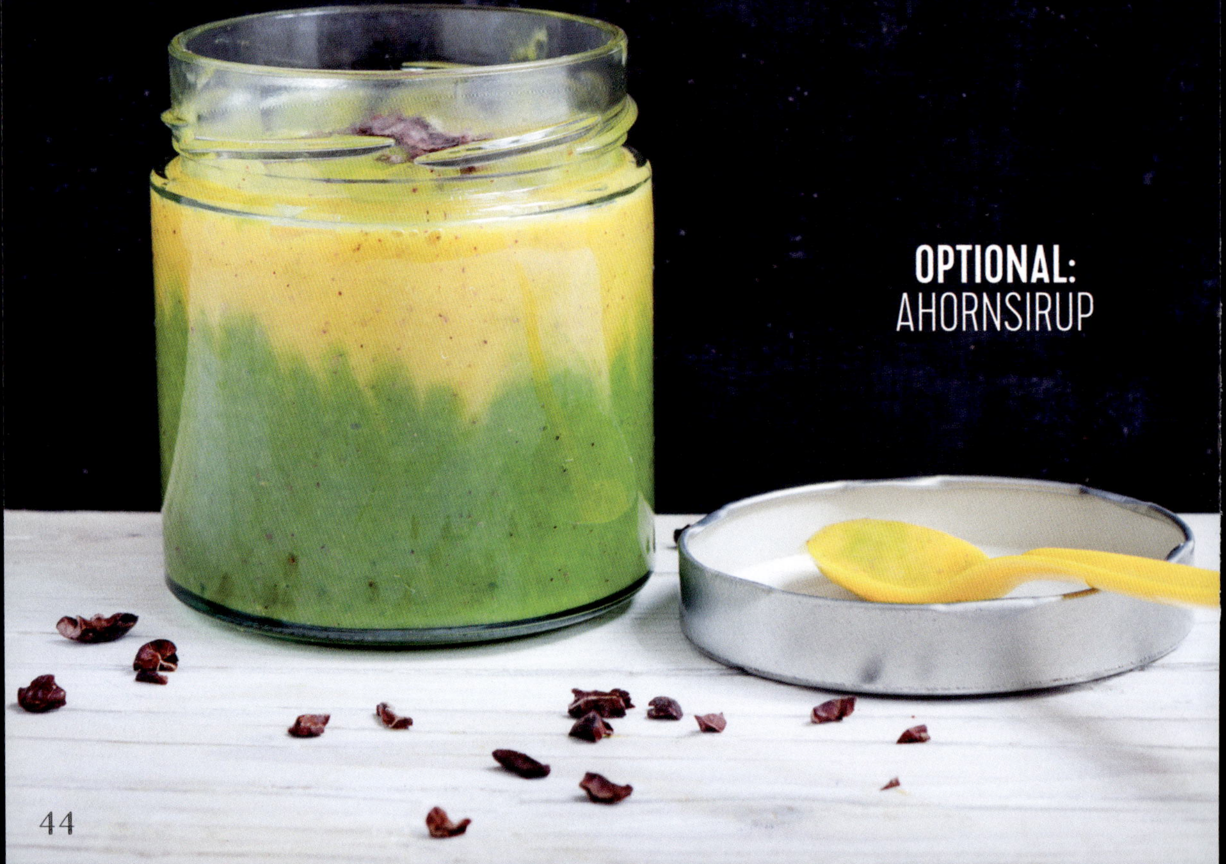

OPTIONAL:
AHORNSIRUP

1 HANDVOLL
SPINAT
(ALTERNATIV MANGOLD)

1 MANGO, KLEIN GESCHNITTEN

TOPPING:
KAKAO-NIBS

45

CHOCOJI-EIS

Eis geht immer! Auch möglich: Einfach in Eisformen abfüllen.

» Wasser von den Gojibeeren abgießen und zusammen mit den restlichen Zutaten kurz im Mixer pürieren.

» Dabei mit dem Stößel des Mixers nachhelfen, bis die Konsistenz von Eiscreme erreicht ist.

» Mit ein paar zusätzlichen Kakao-Nibs bestreuen und sofort servieren.

Topping:
Kakao-Nibs

ÜBER DIE AUTORIN

Irina Pawassar (www.smoothirina.com) bereitet seit vielen Jahren Vitalkost und Smoothies für Familie und Freunde zu und gibt regelmäßig Workshops. Sie absolvierte eine Ausbildung zum „Vegan Raw Food Chef" (Vitalkostkoch) in den USA und hat auf etlichen Seminaren in Irland Vitalkost „geunkocht". Mit ihrer Begeisterung für einfache, aber super-gesunde Ernährung hat sie schon viele angesteckt. Als Chefköchin im Münchner Restaurant „Gratitude" kreierte sie viele farbenfrohe Gerichte. Besonders wichtig sind ihr Chlorophyll, Wildkräuter und der vegane Aspekt. Grippewellen lassen sie sozusagen kalt.

Einige Rezepte sind inspiriert von Gabriel Cousens, Jackie & Gideon Graff (The Graff Academy of Health Science) und Marie Pavillard – wunderbare Raw-Food-Köche und große Vorreiter dieser Ernährung.